"사랑해"라는 말은 꽃이다

_____ 님의 하루에

이 시의 향기가 함께하기를 기원합니다.

　　　　　년　　월　　일

　　　　　　　_____ 드림

글섬 김병화 시집

"사랑해"라는 말은 꽃이다

두엄

차례

[서시] 꽃으로 밑줄 긋다 · 11

제1부_ 사람 삶 사랑

사람 삶 사랑 · 15
그대와의 만남은 · 16
"사랑해"라는 말은 · 17
사랑의 자기장(磁氣場) · 18
사랑은 영원하지 않다 · 19
그대가 행복해야 · 20
손 편지 · 21
마음 기울이면 · 22
몸이 하는 말 · 23
품에 안겨 잠든다는 건 · 24
옆자리 · 25
눈이 내렸네, 첫사랑처럼 · 26
사랑 근육 · 27
난 그런 당신이 좋다 · 28
사랑이랑 정이랑 · 29
미움이 있어 사랑 있네 · 30
함무라비 사랑법 · 31
상처는 사랑의 본질 · 32
우리 · 33
지금 헤어지면 안 되는 이유 · 34

제2부_ 나와 너의 마음과 모음

나와 너의 마음과 모음 · 37
미운 사람, 예쁜 마음 · 38
담백(淡白)하라! · 39
그대의 배려에 감사함 · 40
우리 삶, 한 곡의 음악처럼 · 41
언제나 새로운 세상 · 42
나무는 · 43
줄다리기 · 44
에파타 · 45
아무 말 하지 않아도 · 46
이해 불가를 이해함 · 47
사람 고쳐 못쓴다! · 48
씻은 듯이 · 49
언제나 당신을 포함하세요 · 50
내가 세상에 해 준 것 · 51
서로가 귀하게 - 광어와 도다리 · 52
노련미 · 53
모자람 · 54
기억의 공유 · 55
초심(初心) · 56

제3부_ 생존전략

말은 숨이다 · 59
무슨 말을 할까요? · 60
생존전략 1 - 칭찬하기 · 61
"넌 괜찮아?" - 생존전략 2 · 62
생존전략 3 - 출발점 설정 · 63
힘과 짐 · 64
한걸음 뒤에서 · 65
선택, 성공을 향한 · 66
마음 둘 곳 · 67
나도 성인 · 68
명심(銘心)보감 · 69
발밑 굳은살 · 70
어떻게 갈까? · 71
성공의 비결 · 72
시력 회복 · 73
진정한 포기 · 74
진로 적성 · 75
즐거운 공부놀이 · 76
오늘의 나를 믿음 · 77
나에게 · 78

제4부_ 물리(物理)와 섭리(攝理)

아름다움 · 81
행복이라는 전등 · 82
이상향 · 83
어쩌면 놓친 게 다행 · 84
삶은 야구 · 85
시간의 길이 · 86
오늘이 가는 곳 · 87
지금, 우리 · 88
탐나는 작은 차이 – 소탐대득(小貪大得) · 89
높이뛰기의 비밀 · 90
봄꽃 · 1 – 진달래 · 91
봄꽃 · 2 – 라일락 · 92
봄꽃 · 3 – 은행나무꽃 · 93
베테랑 · 94
가을비 · 95
신은 유머를 좋아한다 · 96
물리와 섭리 1 – 빛의 속도 · 97
물리와 섭리 2 – 멈추지 않는 시간 · 98
물리와 섭리 3 – 되돌릴 수 없는 세월 · 99
"툭" · 100

[해설] 나의 시(詩)를 위한 산문 · 103
 – 사람은 향기로 남는다

[서시]

꽃으로 밑줄 긋다

정문일침(頂門一針)!
정수리를 콕! 찌르는
침처럼 따끔한 한마디

촌철살인(寸鐵殺人)!
악마의 급소를
단칼로 섬뜩! 내리치는 한 구절

그곳에 꽃으로 밑줄 그어
그대 눈에 잠시 머물다,

향기로 맘에 다가가
천천히 천천히 스며들기를

제1부

사람 삶 사랑

사람 삶 사랑

사람
삶
사랑은 하나의 말 뿌리[語根]

하여,

사람은
살아가며
사랑을 꽃피우는 나무

그대와의 만남은

땅 위의 X 축 지평면과
하늘 아득한 Y 축이 만난

무한 공간에서 떠돌던
그대 x와 나 y

흐르는 시간이 더해진
무수한 함수의 인연들

'확률 없음'으로 수렴하는 좌표상에
기적 같은 접점 하나 = (그대x, 나y)

"사랑해"라는 말은

"사랑해"
라는 말은

꽃이다.

소리보다
의미보다

향기로 전하고
설렘으로 안긴다.

우리를
꽃이 되게 한다.

사랑의 자기장(磁氣場)

사랑하는 그대가
사랑받습니다.

사랑받는 그대라
더 사랑스럽습니다.

자전하는 지구가
자기장을 만들 듯

사람은 살아가며
사랑의 집을 만듭니다.

사랑의 자기장에
사랑이 끌려옵니다.

사랑은 영원하지 않다

사랑이
영원한 것이 아니라

사람이
사랑을
영원하게 만드는 것이라

사랑이
사람을
사람답게 했으므로

사랑으로 인해
너와 내가 사랑스러워지고
사랑스럽게 살아갈 수 있으므로

사람이
사랑을
영원케 해야 하는 것

그대가 행복해야

'그대'는
당신을 부르는
이인칭 아닌
나를 향한 일인칭

그리하여

그대가 행복해야
내가 행복하다.

내가 행복할 때,
그대도 함께 행복하다.

손 편지

하늘 같은
그대 맘 받고서
바다 같은 내 마음
꾹꾹 눌러 답장 써도

내 편지엔 한 줌 파도만 일렁이네,

그 안에 바다 출렁이고
그대 맘 닮은 하늘도 비친다는 걸

그대 알아주려나
생각해 주려나

마음 기울이면

한여름 내내
징징대던 매미 울음
무뎌진 귀에 들리지 않는다.

이른 가을
홀로 우는 귀뚜라미
그 울음의 끝자락에서

지난여름 내게 외친 매미
그 못다 이룬 사랑 이야기

들린다…
마음 기울이면

몸이 하는 말

이성(理性)이
도저히 이기지 못하는
몸의 말

이를테면,

자꾸만 이끌려
어느새 곁에 있음

표정이 밝아지면서
입꼬리가 저절로 올라가는,

또박또박 찍어낸 인쇄체 아닌
오래전 써 놓은 연필 글씨 같은

머리가 만드는 말보다
몸으로 먼저 움직이는 말

그것이 진심(眞心)

품에 안겨 잠든다는 건

1
최초의 잠이었다.
내가 세상과 만나던 날

그날 엄마의 품은
나의 온 우주였다.

2
그대 품에
내 안녕을 맡긴다.

내게로 온 또 하나의 세상
최후의 내 잠자리

옆자리

처음엔 비어 있었다.
내 옆도 그대 곁도,

어느 날 내가 멈추고 앉았을 때
비로소 거기 옆자리가 생겼다.

문득 그대가
내 곁에 앉았을 때,

그대 자리가 내 옆자리 되고
내 자리가 그대 옆자리 되었다.

눈이 내렸네, 첫사랑처럼

첫사랑처럼 눈이 내렸습니다.

이 겨우내 언제고 내릴 눈
살아가는 한 세월 언제고 내릴 사랑

그것이 언제나 우리에겐 첫눈이고
그것이 언제나 우리에겐 첫사랑임을

오늘 아침 눈물로 찍어주며
작고 하얀 첫눈이 첫사랑처럼 다가옵니다.

사랑 근육

쓰지 않으면
약해지고

쓸수록
더욱 강해지는 것

몸 근육 그러하니
맘 근육도 매한가지

험한 세상 넘어지지 않게
유리 마음 깨어지지 않게

매일 매일 마음 써주기
순간순간마다 사랑하기

난 그런 당신이 좋다

난 그런 당신이 좋다.
허물 있는 그대가 좋다.

"그리하지 않겠노라."
아침에 새끼손가락 걸며 약속하고
저녁 어스름 풀꽃반지처럼 풀어버리는

"꼭 그리하겠노라."
바윗돌에 새기듯 다짐하고
간밤 내린 비에 모래성처럼 허물어지는

그대 구멍 난 자리와
내 모자람을 서로 메꾸고

부족한 내가 슬며시
그대의 목발 되면

우리가 서로 조금 더
사람[人]에 가까워진다.

사랑이랑 정이랑

사랑은
미운 수식어 받지 않는데

미운 정은 고운 정과
밀고 당기며 함께 가고

어쩌다 사랑은
서로 싸움도 하는데

정 깊은 가슴은
그 싸움 촘촘 기워서

차곡차곡
마음의 이불 쌓아간다.

미움이 있어 사랑 있네

겨울이 추워
봄이 봄답다.

미움이 있어
사랑은 사랑답고

사랑 있어
미움은 밉지 않다.

하여,

미움의
바탕색은 사랑

사랑 있어
미움은 미움다워야 한다.

미움의 바탕색은
사랑이어야만 한다.

함무라비 사랑법

눈에는 눈,
이에는 이!

상처는
상처로 갚는다.

그래

사랑의 아픔은
다시 사랑으로!

상처는 사랑의 본질

사랑은
불현듯 불타올라

우리 가슴은 이미
3도 이상의 화상을 입고 있었다.

뜨겁던 그 사랑 식어갈 때
상처의 통증이 올 뿐.

우리

우리는
'함께 웃고
함께 꿈꾸는 사람들'

이 문장의
가슴 속에

함께 '우는' 우리가
있음을 보는 사람

지금 헤어지면 안 되는 이유

봄-여름-가을-겨울

나무를 바라보는
태양의 뜨거움이 다르고

태양의 사랑받은
나뭇잎 빛깔이 다르듯

계절과 함께 달라질 나와
달라진 나를 보는 그대가 궁금해

아직은 우리가
사랑해야만 할 때

제2부

나와 너의 마음과 모음

나와 너의 마음과 모음

나는 당신의
'너'가 되지 못하고

당신은 나의
'너'가 되지 못할 때

작은 모음들이
가르쳐 주고 있네.

나의 모음을
한쪽으로 살짝 돌리면

나의 모음이
너의 모음과 같아지고

'네 모음'을 조금만 열면
'내 마음'이 될 수 있음을

미운 사람, 예쁜 마음

미운 사람
미워하면 자꾸 미워져

나도 점점
미운 사람 되어가니

미울수록, 미운 사람
예쁘게 봐야 답이 보인다.

미움이 끝나고
내 마음이 예뻐진다.

담백(淡白)하라!

온갖 양념과 MSG가
시선과 혀를 유혹하듯

'꽃처럼 너무너무 어여쁜 당신'
"나, 당신 참 많이 사랑해."

화려한 수식어가
귀를 간지럽히지만

"예쁘다."
"사랑해."

귀한 천연 재료
그 본연의 마음으로 가면

그 맛이 기억에 머문다,
그 진심이 지름길로 닿는다.

말하는 그대가
예쁘다, 사랑스럽다.

그대의 배려에 감사함

화장실에
앉았을 때,

마지막 한 바퀴 남은
두루마리 휴지…

그 낙망의 순간,

그 아래에
누군가 가져다 놓은
새 두루마리 휴지 하나

그대의 배려에 감사함,
나도 다음에 꼭 따라 함!

우리 삶, 한 곡의 음악처럼

우리의 삶 한 곡의 음악처럼
밀었다 당겼다 다투며 가는 길

가끔은 발라드풍으로 가볍게
반 음정만 내리면,

돌아선 당신 자리에
한 박자로 남는 마음의 쉼터,

조금 떨리면서…

모자를 벗어 내려놓으세요, 이렇게

'한 마디 다 쉬어가도 좋습니다,
가끔은…'

다시 부를 수 없는 우리의 삶, 당신의 삶
곧고 굵은 마침 줄을 세우며

Fade Out
멋진 피날레를 위해…

언제나 새로운 세상

오늘은 언제나
어제와 다른 세상

너 역시 어제와 다른 너
달라진 나와 만나는 오늘은
언제나 처음이자 가장 나중인 것

그래서 매 순간이 처음이고
그 처음이 매 순간 마지막인 것

그러므로
현재는 언제나
하나뿐인 가장 소중한 것
매 순간 행복해야 할 이유인 것

나무는

나무는
가문 땅에서도
빗물을 가두지 않는다.

빗물 또한
가문 땅을
그냥 지나치지 않는다.

줄다리기

당신이 당긴 만큼
나도 당겨야 합니다.

가장 가까이
당신과 난 마주 보며

두 눈 부릅뜨고
이를 악물고 입술이 터지고

그러나
가장 팽팽한 긴장 앞에 선 당신과 내가

손잡을 수 있는
가장 가까운 곳에 있습니다.

얼싸안을 수 있는 뜨거운
혹은 냉정한 그 거리에

에파타

"니가 어떻게 그럴 수가 있어?"

이렇게 말해버리면
나의 분노만 쌓인다.

'그 사람이니까 그럴 수 있다.'

이렇게 생각하면
그에 대한 이해가 시작된다.

육체의 귀로만 들으면
때로 우리는 느닷없이 귀머거리가 된다.

"에파타!"[1]

마음의 귀를 열고
소리에 묻힌 마음을 본다.

---

1) 예수님이 청각장애인의 귀를 열게 해 주시며 외친 소리. "열려라!"의 뜻

아무 말 하지 않아도

아무 말 하지 않았지만
말하지 않은 게 아니었다.

그가 남긴
침묵의 백지 위에

이제는 내가
그 마음속 간절함

스스로 알아채야 할
그가 준 마지막 시간이다.

이해 불가를 이해함

너에게
내 아픔을 이해시키는 건

어쩌면

코끼리에게
소고기와 돼지고기
그 맛의 차이 물어보기

차라리
고래가 새우 마음 이해하듯

밀림의 사자와 함께
바다에 플랑크톤도 만드신

하느님의 마음으로
그냥 이해하기, 넘어가기

사람 고쳐 못쓴다!

예부터
나이 드시고 경험 많은
어르신들이 말씀하셨다.

"머리털 검은 짐승
거두지 마라."

"사람 절대,
고쳐 못쓴다!"

노인 복지시설의
어리고 여린,
한 수녀님이 말씀하셨다.[2]

"사람은
사랑받을 때 바뀌어요."

2) 가난한 이들의 작은 자매회(쟌쥬강의 집) 후원 담당 수녀님
   말씀

씻은 듯이

우리 아이,
아토피 피부염

우리 엄마
무릎 관절염

아버지의
말기 위암

씻은 듯이
씻은 듯이

나았으면

언제나 당신을 포함하세요

누군가를
비난하고 싶을 때,

그 비난의 대상에
당신을 꼭 포함하세요.

당신이
누군가를 칭찬할 때,

칭찬하는 그 순간
당신도 이미 포함되었습니다.

내가 세상에 해 준 것

언뜻 생각해 보니
내가 살아 온 동안

'남에게 해 준 것이 없네.'

이렇게 생각했다면,

지나간 어느 날 그대도 모르게
누군가 받은 사람 있으리

살아갈 그대의 세상에
그대 또한 줄 것이 꽤 있는 사람일 것이네.

서로가 귀하게
- 광어와 도다리

왼쪽 광어 오른쪽 도다리 이렇게
글자 수 짝지어 외워도 구별하기 어려워,
광어 가격이 오르면 광어는 광어 되고
도다리도 광어 되어 팔린다.

도다리가 귀해 값이 오르면
광어가 도다리로 둔갑하고
도다리는 그냥 도다리로 팔린다.

서로가 귀하게

사람의 두 눈 가운데에 있어
광어라 부르면 광어 되고
도다리로 여겨주면 귀한 도다리 되니

오른쪽이든 왼쪽이든
서로 귀한 광어
스스로가 귀한 도다리

노련미

산길을 가다가
예쁜 꽃을 보면,

젊은 시절엔
그걸 꺾었죠.

나이가 들어
길가의 꽃을 보면

그냥 두었다가
다시 보러 오지요.

그게 쉽지는 않죠.

모자람

모자람은

너와 나를

아름다움으로

데려간다.

기억의 공유

산다는 건
기억을 쌓는 일

쌓아 온 기억을 밟고
오늘의 그대와 내가 서 있고
내일의 우리로 걸어간다.

그러므로
기억을 잃는다는 건
모든 걸 잃는 일

기억이 무너지는 순간
삶은 빈 종이 상자처럼
일그러지고 허물어진다.

하여, 우리가 함께한다는 건
기억의 주머니 속에
같은 추억을 간직하는 일

함께한 공통의 추억으로
더 나은 세상을 만드는 일

초심(初心)

무더운 여름 지나가고
선들선들 바람 불어와

한쪽 구석으로
비켜선 선풍기

무심히
창고에 넣기 전,

"너를 처음 꺼낼 때,
너와 함께했던 날들

잊지 않을게."

제3부

생존전략

말은 숨이다

말은 숨이다.

내가 뱉은 말은 날숨이고
들숨으로 다시 내게 돌아온다.

돌아와 다시,
말은 숨이다.

내가 뱉은 말은 내게 되돌아와
나를 나로 살게 하고

너에게 다가가 너와 나를
우리로 숨 쉬게 한다.

마침내,
말은 목숨이다!

무슨 말을 할까요?

그냥…

당신이 지금
하고 싶은 말보다

당신이 지금
듣고 싶은 말

그것이면
되지 않을까요.

생존전략 1
- 칭찬하기

호시탐탐
나는 노린다.

나와
함께하는 사람

그의
자존심 높여줄 기회

칭찬해 줄
그의 말과 행동

찾기,

그 즉시
그에게 말해주기!

"넌 괜찮아?"
- 생존전략 2

"넌 괜찮아?"

참 듣고 싶은 말인데
들어본 기억이 없다.

'너는 괜찮은 거지?'

언제나 맘속으로
누군가를 위해

정말 해 주고 싶은 말인데
말한 기억이 없다.

이런 난 정말 괜찮은 걸까?

"너는 괜찮아?"

생존전략 3
- 출발점 설정

과거의
이력,
습관,
DNA에서 출발할까?

미래를 위해
지금의
나를
희생하며 살까?

현재의
지금
나의
행복에 충실할까?

힘과 짐

한 상 가득
차려진 음식

먹고 가면 힘
지고 가면 짐

내 앞에
놓인 과제

해결하면
앞길의 힘

두고 가면
마음의 짐

한걸음 뒤에서

한걸음 차이로
앞설 수도, 뒤따를 수도 있다.

앞서려면 뛰어야 하고 뒤따르면
마음만 앞서고 몸이 서둘게 된다.

한걸음 뒤에서 멈춰 서면
아쉬움이 앞뒤에 서지만

숨이 돌아간다.
쉼표 위에 생각이 머문다.

선택, 성공을 향한

깊은 고민…
끝에 내린,
최종 선택!

그러나 고민은
결코 끝이 아니다.

이제부터 성공을 향한
진짜 선택이 시작되는 출발점

앞으로 매 순간순간
더 진지한 선택이 너를 기다린다.

실패의 태클과
후회의 오랏줄을 숨긴 채

마음 둘 곳

마음 있는 곳, 곧 몸 안이라
내 맘 있어야 할 곳은 바로
지금 내 몸이 있는 곳이라

몸과 마음이 멀수록
불행이 끼어들고

행복은
마음과 몸이 가까운 것

몸은 멀리 움직이기 어렵고
마음은 크게 움직이기 쉬우니

마음 둘 곳은 내 몸 가까운 곳
몸이 곧 마음이니.

나도 성인

마음 가는 대로 행동해도
도(道)에 어긋나지 않는 것[3]

이것이 곧 최고의 인생,
성인(聖仁)의 경지라

왼 길 좌측통행 삼가고
옳은 길, 우측 보행 습관 되어
길[道] 위의 걸음 어긋남 없다면

마음 가는 대로
몸이 바른길 행한 것이니
우리도 성인(成人)이요 곧 성인(聖人)이라

바른 습관이
곧 성인의 경지라!

---

3) 공자의 말 : 논어 위정 편－일흔이 되어서는 무엇이든 하고 싶은 대로 하여도 법도에 어긋나지 않았다(七十而從心所欲 不踰矩)

명심(銘心)보감

삶의 길이란
오른 만큼 내려오고
내려온 만큼 오를 길 남는 법

때론 절망의 빨간불에서
필연의 푸른 신호 믿으며
침묵으로 견디고 기다리는 길

빨리 달리지 못하는 것보다
멈춰야 할 시점에 정지하지 못하는 것
그것이 영원히 멈추는 것임을 명심할 것!

삶의 끝에는
모두 내려가거나
모두 올라가는 길이니

발밑 굳은살

당신의 온몸
온 하루를 떠받들고
언제나 짓눌리며
조금씩 죽어 가지만

아직 난
생명과 죽음의
경계 그 끝자락에서
오늘도 당신의 하루를 떠받든다.

굳은 침묵 속에

어떻게 갈까?

내일로만 가는
오늘의 일방통행 화살표 앞에

이렇게 서면 왼쪽

뒤로 돌아서 이렇게 서면 오른쪽

이러면 앞으로 가고

이렇게 뒷걸음이 되기도 한다.

어떻게 갈까?
나는 어떻게 가고 있는 걸까?

성공의 비결

실패했던 사람보다
성공해 본 사람이
성공할 확률이 더 높다.

실패했던 사람은
아픈 기억으로 일하지만

성공했던 사람은
행복한 기억으로 일하기에,

성공은
고행의 끝 내일에 있지 않고
행복한 오늘의 산책길 위에 있으니

성공이 행복 아니라
행복이 성공에 이르게 하는 것

행복하게 일하는 사람은
매 순간 늘 성공한 사람이 된다.

시력 회복

노안은 원시로 오니
초점이 망막 뒤에 맺힌다.

이제 더 뒤로
물러서라는 뜻

물러서도
초점 안 맞으면

마음으로 설어
사랑으로 좁혀야 하는 거리

시력 회복제 사랑 당의정
꼬박꼬박 챙겨 먹어야 하는,

사랑한 만큼 더 잘 보이는
마음의 눈 떠야 하는 때

진정한 포기

나,

하고 싶은 일
할 수 없고

해야만 할 일
앞에 서서…

잠시,

하고 싶은 일
접고

지금
해야만 할 일

사랑하기

진로 적성

내가
좋아하는 것은

내가
돈을 쓰면서 한다.

내가
잘하는 일은

남들이
돈 주며 인정해 준다.

돈 쓰는 일은 취미
돈 버는 일은 직업

즐거운 공부놀이

일은
돈을 벌기 위해 하고

놀이는
돈을 내고 즐긴다.

돈을 벌기 위해 공부하면
일이다.

공부할 돈은
이미 내었으니,

이제
공부와 한판
잘 놀아 보기!

오늘의 나를 믿음

인생에서
아무것도 할 수 없는

단 이틀
어제와 내일[4]

성실했던
어제의 나를 붙잡고

부족한 나를
새롭게 고쳐 만나면

아무것도 할 수 없는
내일은

무엇이든 할 수 있는
오늘로 온다.

---

4) 달라이 라마 "일 년 중 아무것도 할 수 없는 날은 단 이틀뿐이다. 하루는 '어제'이고 또 다른 하루는 '내일'이다. '오늘'은 사랑하고 믿고 행동하고 살아가기에 최적의 날이다."

나에게

매일 누군가
나에게 말씀하신다.

"장하네.
고맙고,
수고했네!"

이렇게 생각하며
오늘 밤도 뿌듯하게 잠든다.

4부

물리(物理)와 섭리(攝理)

아름다움

'아름답다'의 어근(語根)
'아름'은
'안음'

인류 최초 그리고
세상 끝 날까지 남을
아름다움

엄마가
아가를
안음

그 모습
아빠가
바라봄

행복이라는 전등

행복은
보이지 않는 전류

부정과
긍정의 전류가
감사의 선에서 만날 때

순간,
"반짝"

켜졌다가
사라져 버리는

이상향

매일 매일의
출근길 버스 정류장

늘 보면서
단 한 번도 타 보지 않은 버스

어쩌면
나의 이상향은

그렇게
지나가고 있는 것인지도

어쩌면 놓친 게 다행

1
다음번에 타도 괜찮다.
방금 놓친 그 열차

다음번이라도
탈 수 있어 그나마 다행.

2
다음번에도 열지 않는 게
정녕 다행일 수 있다.

지금 내가 간절히 열고 싶고
당신이 숨기고픈 그 비밀의 상자는

삶은 야구

삶은
야구와 같아

운명이라는
투수가 던진 공

의지의 방망이로
휘두르는 순간순간들

아직도 난 서투른 타자
운명의 투수는 언제나 에이스

시간의 길이

100℃ 펄펄
끓는 물 부은 컵라면!

익기를 기다리는
3분의 시간

너무 긴데…

4분이면
면이 불어 버린다.

오늘이 가는 곳

오늘은
어제로 흘러

역사의 기록으로
기억 속에 남지만,

앞서 흘러간 강물이
바다에 먼저 도착해 있듯

오늘의 강물은
내일보다 먼저

미래의 바다로 달려
나를 기다리고 있다.

지금, 우리

오직 인간의 행복을 위해
자연을 무한히 무참히
개발하며 파괴할수록

더 많은 사람이
더 빈번하게

자연, 그대로의 자연을
찾아다니며 쉬고 싶어 한다.

바로
지금의,

우리가
그렇다.

탐나는 작은 차이
- 소탐대득(小貪大得)

'나 하나쯤이야…'
'나 하나만이라도…'

산 중턱에서

작은 걸음이라도
아래로 걸으면

나 하나쯤이야…
내리막 골짜기…

"나 하나만이라도!"
산 위로 걸으면

마침내 정상 도달!

높이뛰기의 비밀

높이뛰기의 핵심은
도약하기 전의 바닥,

그
리
고

높이
솟은 뒤
내가 쓰러질

바닥의 편안함,
그에 대한 믿음이 있기 때문

봄꽃 1
– 진달래

잊히고
잊히고
또 잊혀도

해마다 잊지 않고
저 먼 산에 다시 찍는

설렘의 다홍 심장
그대 바라봄,

봄꽃 2
- 라일락

가득히
차오름

그대의
향기로

봄꽃 3
- 은행나무꽃

나도 꽃인데
바라봐 주는 사람 하나 없다.

어느 봄날,
비바람 맞고 나뒹굴 때

발밑에 무참히 밟혀도
사람들은 내가 꽃인 줄 모른다.

해 늦은 가을,
황금빛 낙엽 되어 휘날릴 때

겨울로 떠나는 나
그제야 사람들이 감탄한다

문득
그때야 꽃인 양

베테랑

수령 60년
은행나무는
늘 한자리에서
비와 바람, 햇빛
있는 대로 주는 대로
아무 말 없이 받아
자기 일 잘 해낸다.

가을비

가을비 내리며
방울방울 동그라미 그립니다.

참 잘했어요,
참 잘했어요.

지난, 겨울 – 봄 – 여름날들
우리 지나온 길 위에

뱅글뱅글 동그라미 치며
지난 시간 쓰다듬습니다.

참 잘했어요,
참 잘했어요.

신은 유머를 좋아한다

인간을 사랑하는 신이니까
신은 유머를 좋아할 것 같다.

그냥,
그랬으면 좋겠다.

그러면
성당에서 교회에서
산중의 고요한 절간에서도

웃음소리 퍼지고 퍼져
사람들이 더 즐겁고 행복할 것 같아

사람들이 신이 나게
신이 유머를 좋아했으면 좋겠다,

신은 유머를 좋아한다!

물리와 섭리 1
- 빛의 속도

하늘의 해님도 둥근 얼굴,
둥근 지구에 강물도 굽이돌아
모난 돌 깎으며 곡선을 지향하는데

오직 빛만이 꼿꼿한 직선
최단 거리 최고속으로 질주하는 것은

추위와 어둠 속에서 기다리는 사람들
그들을 향해 달려가는 신(神)
당신이 우리에게 보여주는 사랑의 속도

물리와 섭리 2
- 멈추지 않는 시간

이 고통 빨리 끝나 버렸으면
이 행복 영원히 그대로 머물기를

마음속 시계 멈춰보려 해도
신의 시계는 언제나 같은 속도

'고통도 행복도
모두 지나가는 것'

흐르는 그 시간 시간마다
들려주는 신의 발자국, 소리, 소리

물리와 섭리 3
- 되돌릴 수 없는 세월

봄 - 여름 - 가을 - 겨울
끊임없이 돌아가지만

그 세월 되돌릴 수 없음을
늙음과 죽음으로 확인시킴은

"오늘을 신중히 보내고
내일을 소중히 맞이하라!"

날마다 내리치는
神의 채찍질 지나는 흔적!

"툭"

어깨 위
먼지 하나
"툭" 하고 털어내듯

이 세상에서
한 사람의 목숨이
저승으로 건너감,

무심히
그렇게

"툭"

해설

해설 | 나의 詩를 위한 산문

사람은 향기로 남는다

글섬 김병화

1.
"사랑하는 ○○인 여러분!"

교직 생활 중 했었던 이 말에 대한 나의 진실성과 듣는 사람에게 전달되는 신뢰도를 스스로 의심하며 교직을 떠나기 전 그 '사랑'의 징표 하나쯤 남기고 싶었다. 그런데 36년 몸에 밴 '꼰대 기질'은, 사랑의 징표도 받는 사람들 삶의 지표에 뭔가 보탬이 되어야 한다는 생각에서 벗어날 수 없게 만들었다. 그래서 떠오른 제목이 '꽃으로 밑줄그어 나를 깨운 한마디'. 그동안 써 온 시와 메모로만 남겼던 시상(詩想)들을 작품화하고 여기에 첫 시집 일부 작품을 수정하여 시집 한 권을 엮어 퇴임 기념 겸 사랑의 징표를 대신하기로 했다.

2.

노래 한 곡, 글 한 편 감상하는 데 그리 긴 시간이나 큰 힘이 필요한 것도 아닌데 세상에는 불리지 않는 노래와 읽히지 않는 글들이 무수히 많다. 많은 사람에게 불리고 읽힌 글도 가슴에 남아 그들의 삶을 조금이라도 흔들고 있는 핵심은 극히 짧은 특정 부분일 것이다. 내가 듣고 부른 노래가 그러하고 내가 읽은 시와 그 밖의 긴 글들이 그러했다. '훈화 말씀'이라는 명분으로 쓴 나의 방송조회 원고들도 모두 한 줄 정도의 구(句)나 문장으로 압축된다. 특히나 요즘 사람들은 짧은 글과 시각적 매체에 익숙해져 있어 빽빽한 활자로 된 길고 어려운 글에는 아예 눈길도 주지 않는다.

그리하여 애초에 100편으로 잡았던 작품 총수도 80편으로 줄였다. 특히나 학생들은 길고 어려운 내용은 처음부터 외면해 버리거나, 읽더라도 이해를 못 할 수 있다는 생각에 가능하면 모든 시는 간략하고 쉽게 1쪽을 넘기지 않으려 했다. 그런데 짧게 쓰려면 압축시켜야 하고 압축하려면 비유나 상징과 같은 시적 기법을 동원해야 하는데 이렇게 되면 자칫 난해해지기 쉬우니 쉽게 풀어써야 한다. 쉽게 풀어 쓰면 시가 설명문처럼 느슨해져 시 고유의 긴장과 운율감이 사라져 버릴 수도 있어 이 두 모순의 딜레마가 내내 나를 괴롭혔다.

그 극복의 여부는 내가 아니라 이제는 읽는 이의 몫이 되었다.

3.
총 80편의 시를 20편씩 묶어 4부로 구성하였다. 이 중 60편 정도는 신작, 나머지 20여 편은 첫 시집 「문득, 네가 보였다」에서 구성의 흐름에 맞는 제재를 골라 조금 혹은 대폭 수정 후 함께 엮었다.

연작 일부를 제외하면 대부분이 개별 작품이지만 작품을 배열하면서, 비록 성글더라도 전체적으로 작은 서사 혹은 하나의 흐름이 잡히도록 구성했다. 즉 1부는 개별 존재로서의 사람과 삶 그리고 그 본질적 심성인 '사랑'에 대하여, 2부는 사람과 사람이 만나 함께하는 삶의 모습과 우리들이 가져야 할 심성, 3부는 사회 속에서의 개별 존재로서 내가 갖추어야 할 삶의 지혜를 주 내용으로 삼아 묶어냈다. 나의 '꼰대 기질'이 가장 진하게 드러나는 부분으로 특히나 학교 아이들을 생각하며 쓴 작품이 많다. 끝으로 4부는 시야를 좀 더 넓혀 자연 혹은 우주와 인간의 관계에 관한 나의 지극히 즉흥적이고 단상적인 철학을 시의 형식으로 짧게 기술했다.

☐ 1부 : 사람 삶 사랑

1부에 실린 20편은 표제 시 '사람 삶 사랑'에 거의 수렴한다. 어쩌면 이 시집의 절반 이상이 여기에 속한다고 할 수 있을지도 모르겠다. 사람과 사랑의 본질, 탄생과 성장 그리고 죽음에 이르기까지 우리가 사람으로 살아가면서 어떻게 사랑을 시작하고 키워가는가를 보여주고 있다. 사랑은 언제나 갈등과 미움을 동반하며 이를 통해 사랑은 더 깊어지고 단단해져 간다는 점을 말하고자 했다.

☐ 2부 : 나와 너의 마음과 모음

2부에 실린 20편은 1부에서 보인 사람들의 모습을 통해 결국 우리는 모두가 지극히 서로 부족한 존재라는 사실을 받아들이고 이 부족함을 전제로 서로 사랑하며 행복하게 살아가는 모습을 보여주고자 한 시편들이다. 모음 하나의 양성과 음성 여부에 따라 '나'와 '너'가 달라지고, 입을 여는 정도에 따라 일인칭 '내'와 이인칭 '네'가 되듯 작은 차이가 우리의 삶을 크게 바꾼다는 사실을 통해 서로에 대한 양보와 마음 열기가 필요함을 말하고자 했다.

☐ 3부 : 생존전략

시에 담긴 메시지가 읽는 이의 마음에 좀 더 절실하

게 느껴지도록 3부의 표제를 '생존전략'으로 잡았다. 그런데 처음부터 표제어를 정하고 개별 작품을 쓴 것이 아니라, 이미 써놓은 시들의 의미 구성과 이해를 돕기 위한 나눔이기에 1부의 키워드인 '사람 삶 사랑', 2부의 '함께하는 삶'과 일정 부분 그 의미가 겹칠 수밖에 없었다. 또한 표제 '생존전략'이라는 이름을 세 편의 작품에만 붙였지만, 나의 속마음은 사실 이 시집에 담긴 모든 메시지를 독자들 모두 '생존전략'으로 생각하고 간절히 받아들이며 실천하기를 바라고 있다. 특히 우리가 살아가는 데 무엇보다 중요한 수단인 '말'의 중요성 그리고 습관에 따른 작은 '행동', 이 모두를 결정하는 '마음 씀씀이'에 나와 우리 모두의 행복이 달려 있음을 간과하지 않기를 소망한다.

□ 4부 : 물리(物理)와 섭리(攝理)

어찌 생각하면 상충할 수 있는 과학적 현상과 신의 섭리를 융합 혹은 통섭까지는 아니라도, 내가 60여 년 살아오면서 나름 인간을 창조한 신의 뜻이거나 스스로 진화하며 지향하는 인간 본성이라 생각한 관점을 짧게 표현했다. 작게는 생활 주변의 물리적 현상과 좀 크게는 지구와 우주의 원리가 결코 개개인의 삶이나 인간 사회의 존립과 분리되어 있지 않고 끊임없이 작동하며 상호작용하고 있다는 사실을 순간의 장면 포착을 통해 보여주고자 했다.

4.
애초에 이 시집의 제목은 '꽃으로 밑줄그어 나를 깨운 한마디'로 생각했었다. 실제로 이 시집 작품의 대부분이 나의 출퇴근길이나 일상생활에서 언뜻언뜻 떠오른 시상이나 깨달음, 메시지 등을 휴대전화 개인 방에 메모의 형태로 남겼고 이를 내 삶의 지표로 삼거나 생활 속에서 실천하며 때로는 학생들에게 들려줄 '훈화말씀'의 주제로 활용했기 때문이다.

하지만 막상 이렇게 제목으로 첫 장에 써 놓고 보니 시집의 제목으로는 좀 장황하기도 하거니와 비록 '꽃'으로 분장을 살짝 했지만, '꼰대 기질'이 지나치게 드러나, 시를 읽으러 오는 발걸음을 오히려 밀어낼 것 같았다. 그래서 다시 '쉽고 간결하며 울림을 주는 시'라는 첫 마음으로 돌아갔다. 목차와 시 내용을 다시 한번 찬찬히 읽고 난 후 긴 생각 끝에 〈"사랑해"라는 말은 꽃이다〉를 시집의 제목으로 변경하게 되었다.

시에 대한 내 생각은, 문학 작품이 재미와 의미를 함께 갖추어야 한다는 점에서 로마의 시인 루크레티우스의 당의정(糖衣錠) 설에 가깝고, 시란 思無邪(사무사 : 생각에 사악함이 없는 것)라는 공자의 바른생활과 생각에 동의하며 또한 시의 내용은 하나의 발견이어야 한다는 관점과 맥을 같이하면서 늙은 어머니가 이해할 때까지 쉽게 고쳐 썼다는 중국의 어느 시성(詩聖)의 시작(詩作) 태도를 존중한다.

  이 시집의 제목은 시에 대한 나의 이런 생각과 관점을 잘 반영한다고 생각했다. 왜냐하면 이 제목을 보고 읽는 순간 달콤함은 이미 온몸으로 느껴지고 사악함이 끼어들 틈은 보이지 않으며 이해하지 못할 사람은 없을 것이기 때문이다.

  "사랑해"라고 말하면 문득 향기가 난다.

  만남과 헤어짐의 반복인 삶의 여정에서 헤어진 후 어떤 한 사람에 대한 기억은 이처럼 그가 했던 말의 향기로 남는다. 그 향기는 말하는 사람마다, 듣는 사람마다 각기 다르게 느낄 것이다. 어떤 말을 어떻게 하느냐에 따라 향기가 되기도 하고 악취를 풍길 수도 있을 것이다. 부디 이 시집의 시들이 읽는 이에게 향기로 전해지고 그중 한 편이라도 읽은 이의 가슴에서 그의 손 글씨로 옮겨져 또 다른 이에게 꽃으로 피어나기를 소망해 본다.

"사랑해"라는 말은 꽃이다

2024년 06월 18일 초판 1쇄 찍음
2024년 06월 25일 초판 1쇄 펴냄

지은이 _ 김병화
펴낸이 _ 라문석
편집장 _ 김옥경
디자인 _ 장상호

펴 낸 곳 _ 도서출판 두엄
등록번호 _ 제03-01-503호
주   소 _ (41969) 대구광역시 중구 명륜로12길 21
대표전화 _ (053) 423-2214
전자우편 _ dueum@hanmail.net

ⓒ김병화, 2024
ISBN 979-11-93360-14-9 03810

＊지은이와 협의하여 인지는 생략합니다.
＊이 책 내용의 전부 또는 일부를 재사용하려면 반드시 지은이와
  도서출판 두엄 양측의 동의를 받아야 합니다.
＊책값은 뒤표지에 표시되어 있습니다.